물 아저씨 과학 그림책 18
구름 아저씨의 정체
2025년 8월 1일 1판 2쇄 발행

글·그림 | 아고스티노 트라이니 옮김 | 이승수
펴낸이 | 나성훈 펴낸곳 | (주)예림당
등록 | 제2013-000041호 주소 | 서울시 성동구 아차산로 153
구매 문의 전화 | 561-9007 팩스 | 562-9007
책 내용 문의 전화 | 566-1004
http://www.yearim.kr

편집장 | 이지안 책임개발 | 정수경 / 심다혜 정유진 디자인 | 이현주 강임희 표지 디자인 | 최수정
콘텐츠 제휴 | 문하영 제작 | 신상덕 / 박경식 마케팅 | 임상호 전훈승
ISBN 978-89-302-6968-1 74400
ISBN 978-89-302-6857-8 74400(세트)

이 책의 한국어판 저작권은 (주)예림당과 Atlantyca S.r.l.사와의 독점 계약으로 (주)예림당에 있습니다.
저작권법에 의해 한국 내에서 보호를 받는 저작물이므로 무단 전재와 복제를 금합니다.

Text by Agostino Traini
Original cover and Illustrations by Agostino Traini
©2024 Mondadori Libri S.p.A. for PIEMME, Italia
©2025 for this book in Korean language – YeaRimDang Publishing Co., Ltd.
Published by arrangement with Atlantyca S.r.l. via Caradosso 7 - 20123 Milano,
Italia — foreignrights@atlantyca.it - www.atlantyca.com
Original Title: UN'AVVENTURA TRA LE NUVOLE
Translation by: 구름 아저씨의 정체
No part of this book may be stored, reproduced or transmitted in any form or by any means, electronic
or mechanical, including photocopying, recording, or by any information storage and retrieval system,
without written permission from the copyright holder.

물 아저씨 과학 그림책 18

구름 아저씨의 정체

글·그림 아고스티노 트라이니

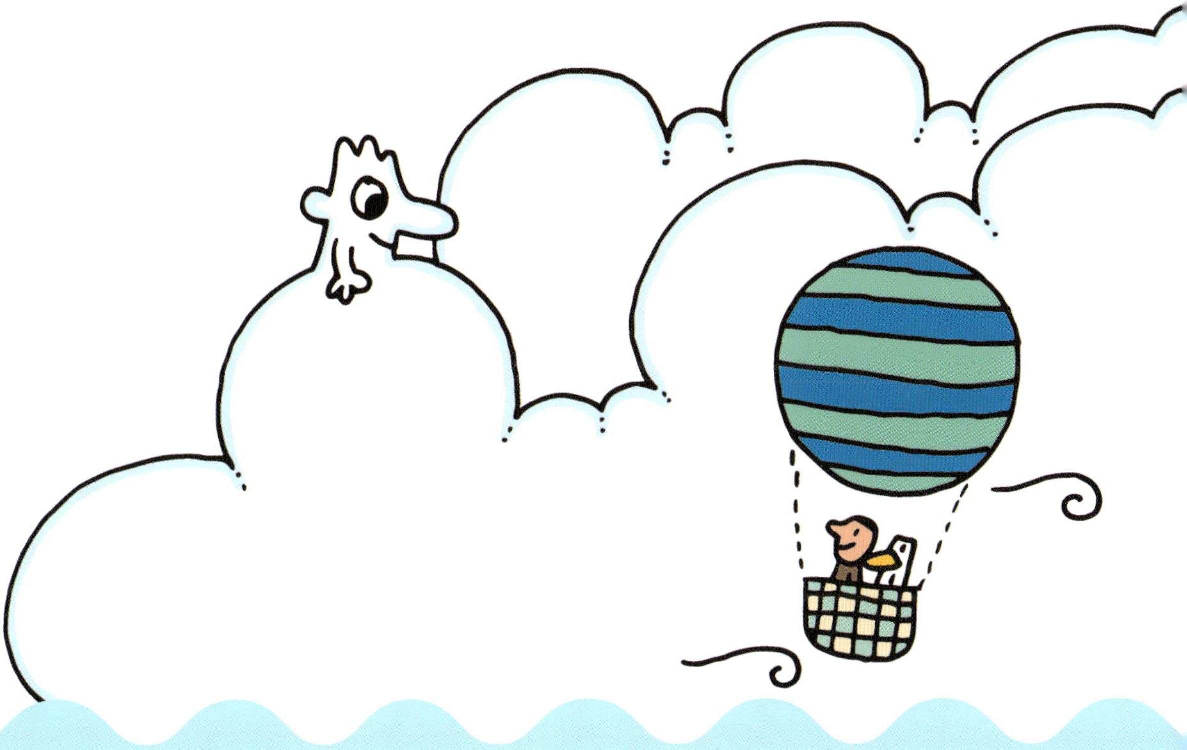

아고와 피노는 물 아저씨의 아주 친한 친구들이에요.
날씨가 추워지면 물 아저씨는 돌처럼 단단한 얼음으로 변해요.
그러면 사람들은 그 위에서 스케이트를 쌩쌩 탈 수 있지요.
"이제 거의 다 됐어."
물 아저씨가 말했어요.

물 아저씨 과학 그림책 18

구름 아저씨의 정체

글·그림 아고스티노 트라이니

예림당

아고와 피노는 물 아저씨의 아주 친한 친구들이에요.
날씨가 추워지면 물 아저씨는 돌처럼 단단한 얼음으로 변해요.
그러면 사람들은 그 위에서 스케이트를 쌩쌩 탈 수 있지요.
"이제 거의 다 됐어."
물 아저씨가 말했어요.

어때요?

점점 얼어붙고 있어.

물은 0도에서 얼어.

아고와 피노는 스케이트를 가지러 집으로 달려갔어요.
두 친구가 돌아왔을 때 개천은 꽁꽁 얼어붙어 있었어요.
정말 굉장하지 않나요?
추위가 풀려 얼음이 녹을 때까지 빙판에서
모두 신나게 놀 수 있을 거예요.

정말 재미있어.

아고와 피노는 추위가 풀리면 얼음이었던 물 아저씨가 녹아
다시 액체로 돌아온다는 걸 알고 있어요.
무더운 여름이 되었어요. 지금이 바로 풀장을 꺼낼 때예요.

참 예쁜 크리스털이네!

나 여기 있어!

만세!

두 친구는 물에서 오랫동안 신나게 놀았어요.
물 아저씨와 함께 놀면 기분이 정말 상쾌하고 좋아요.

다음 날은 날씨가 훨씬 더 무더웠어요.
아고와 피노는 오늘도 물 아저씨와 놀고 싶었어요.
그런데 물 아저씨가 온데간데없이 사라졌지 뭐예요.
아고와 피노는 기온이 오르면 물 아저씨가 액체인
물에서 기체로 변한다는 것을 몰랐어요.

"이것을 증발이라고 해. 증발한 물 아저씨는
나의 일부가 되었단다."
공기 아줌마가 말했어요.
공기 속은 눈에 보이지 않는 가스와 수증기로 가득 차 있어요.

물은 고체나 기체로
변할 수 있어.

공기 중에는
약간의 물도 있단다.

수증기는
눈에 보이지 않아.

수증기 입자가
너무 작기 때문이지.

수증기에 대한 이야기는 흥미로웠지만 아고와 피노는
알쏭달쏭 잘 이해가 되지 않았어요.
"공기 중에 얼마나 많은 수증기가 있나요?"
피노의 물음에 공기 아줌마가 말했어요.
"수증기의 양은 날이 더우면 더 많아지고, 추우면 줄어든단다."

태양이 땅을 뜨겁게 데우면 땅은 공기를 달구기 시작해요.
따뜻해진 공기는 점점 가벼워지며 하늘 높이 올라가지요.
아고와 피노는 물 아저씨와 만나길 바라며
공기 아줌마를 따라가기로 했어요.

하늘 위로 점점 올라가자 공기가 차가워지면서 팽창했어요.
"내가 차가워졌으니 수증기를 내 안에 모두 담을 수 없단다.
수증기 일부를 밖으로 내보내야겠어."
공기 아줌마가 말했어요.

밖으로 나온 수증기는 응결되어 눈으로 볼 수 있어요.
어디 있냐고요? 바로 구름 아저씨예요!
응결된 수증기는 구름이 되지요. 아주아주 작지만,
수증기보다 큰 물방울들로 이루어져 있어요.

어때?

정말 멋진
구름이에요!

아름다워요!

아고와 피노는 구름 속을 돌아다녔어요.
구름 속 물방울은 작고 가벼워서 떨어지지 않았어요.
하지만 이따금 서로 부딪혀 합쳐지면서 크기가 더 커졌지요.

커진 물방울이 무거워지면 밑으로 떨어져 비가 내리기 시작해요.
물 아저씨는 떨어지는 빗방울을 타고 신나게 내려갔어요.
"비 한 방울이 떨어지려면 백만 개의 작은 물방울이 필요하단다!"
물 아저씨가 웃으며 말했어요.

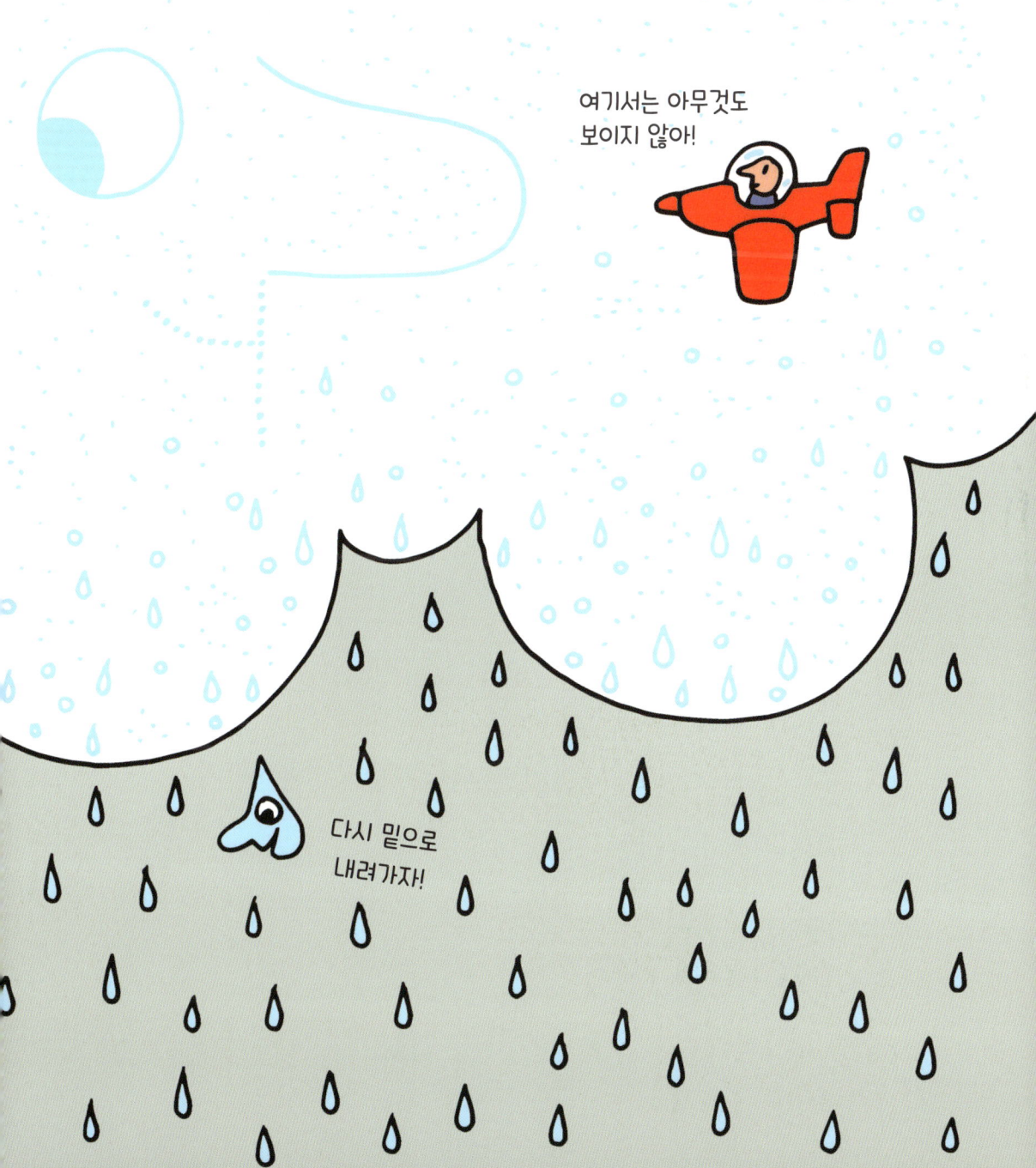

여러분이 예상한 것처럼 구름 아저씨는 물 아저씨예요.
물 아저씨는 끊임없이 모습을 바꾸며 우리를 놀라게 하지요.
날씨가 더 추워지면 물방울은 얼어 아주 작은
얼음 알갱이가 돼요.

이 얼음 알갱이들은 서로 합쳐지며 예쁜 눈송이가 돼요.
눈송이가 펑펑 내리면 온 세상을 하얗게 만들지요.
"내 눈송이들은 모양이 제각기 다 달라!"
이번엔 눈 아저씨로 변한 물 아저씨가 말했어요.

구름 아저씨 속이 어수선해요. 무슨 일이 일어난 걸까요?
구름 속 물방울이 높이 솟아올랐다가 얼어붙고 다시 밑으로
떨어지며 다른 물방울과 부딪혔어요.
그러자 물방울이 얼면서 살얼음이 생겼지요.

살얼음이 겹겹이 덮이면서 얼음 공이 되고, 점점 부피가 커졌어요.
얼음 공이 타다닥 사방으로 튀자 물 아저씨가 웃으며 말했어요.
"이게 우박이야!"

우박에 이어 아고와 피노에게 깜짝 놀랄 일이 생겼어요.
아침 일찍 아고와 피노는 산으로 여행을 떠났어요.
그런데 뿌연 안개 때문에 아무것도 보이지 않았지요.
"안개도 구름인가요?"
아고가 물었어요.

"물론이지."
구름 아저씨가 대답했어요.
"안개는 따뜻한 공기가 밤새 차가워진 땅과 만나면서 만들어진 특별한 구름이란다."
아고와 피노는 좀 더 높은 곳으로 올라갔어요.
잠시 뒤 태양이 떠오르자 산 아래로 안개 바다가 보였어요.
정말 놀라운 풍경이었지요!

구름은 아주 종류가 많고, 모양도 제각기 달라요.
아고와 피노는 구름을 더 자세히 보기 위해 하늘로 날아올랐어요.
"가장 높이 떠 있는 구름은 얼음 알갱이라서 비를 내리지 않아."
구름 아저씨가 된 물 아저씨가 말했어요.

비행기가 날아간 자국도 구름의 하나예요.
비행기 배기가스 증기가 높은 고도의 차가운 공기와 만나
얼어붙으면서 만들어진 거예요.

아고와 피노는 들뜬 마음으로 적란운과 만나길 기다렸어요.
적란운은 높이가 15킬로미터에 달할 정도로 아주 크고,
멋진 구름이에요.
"거기 있지 마. 다른 곳으로 피해!"
산양이 말했어요.

다시 맑은 날씨가 되면 태양열은 모든 것을 말려요.
하루가 끝나 가자 하늘은 황홀한 색으로 물들기 시작해요.

다시 맑은 날씨가 되면 태양열은 모든 것을 말려요.
하루가 끝나 가자 하늘은 황홀한 색으로 물들기 시작해요.

구름들도 다채로운 색을 뽐내며 아름다운 축제에 참여했어요.
해가 완전히 지고 캄캄한 밤이 오기 전에 아고와 피노는
그 아름다운 풍경을 그림에 담았어요.

물 아저씨와 함께하는 신나는 과학 실험

차근차근 따라 해 보세요!
그동안 알지 못했던 재미있고 흥미진진한
사실들을 알게 될 거예요.

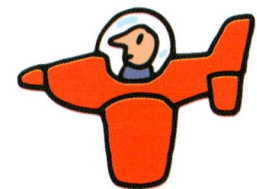

구름 모빌

준비물

색연필, 가위, 접착테이프  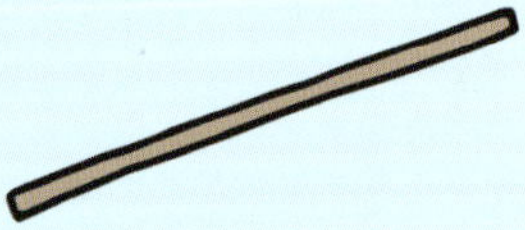
나무 막대기
그림 그릴 두꺼운 종이
실

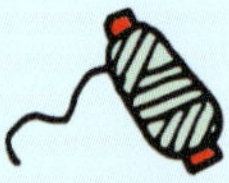

1. 종이에 예쁜 구름을 그려요.

2. 가위로 잘 오려요. 가위를 사용할 때는 조심해요.

3 구름 뒷면에 접착테이프로 실을 붙여요.

4 구름에 붙인 실을 막대기에 묶어요.

5 구름 모빌을 어딘가에 매달 수 있게 막대기 중앙에 실을 묶어요.

겨울에 입김을 불면 작은 구름이 생긴다는 사실을 기억해요. 뜨거운 숨에서 나오는 수증기가 식으면서 응결되기 때문이에요!

아고스티노 트라이니는 누구일까요?

저는 1961년에 태어났어요.

저는 비 올 때 걷고

등산을 하고

배를 타고

물수제비를 뜨고

보물을 찾는 것을 좋아해요.

그리고 책을 읽고

책갈피를 만들고

물감으로 그림을 그리고

캐릭터를 구상하는 것도
좋아해요.

하지만 뭐니 뭐니 해도
물 아저씨 그리는 것을 가장 좋아해요!

Agostino Traini

아래의 주소로 저에게
이메일을 보낼 수 있어요.
agostinotraini@gmail.com

물 아저씨 과학 그림책

과학 공부의 시작은 물 아저씨와 함께! 세상 곳곳의
신기한 과학 현상을 배우며 지적 호기심을 가득 채워 보세요!

글·그림 아고스티노 트라이니 | 175×240mm | 32~48쪽

     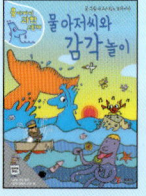 

  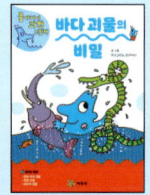 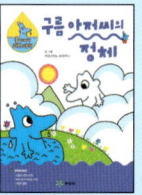  

1. 물 아저씨는 변신쟁이
2. 공기 아줌마는 바빠
3. 해 아저씨는 밤이 궁금해
4. 키다리 나무 아저씨의 비밀
5. 계절은 돌고 돌아
6. 물 아저씨와 감각 놀이
7. 알록달록 색깔이 좋아
8. 화산은 너무 급해
9. 물 아저씨는 힘이 세
10. 농장은 시끌벅적해
11. 바람 타고 세계 여행
12. 불 아저씨는 늘 배고파
13. 폭풍은 이제 그만
14. 물 아저씨와 몸속 탐험
15. 옛날에 공룡이 살았어
16. 파도가 철썩 지구가 들썩
17. 바다 괴물의 비밀
18. 구름 아저씨의 정체
19. 물 아저씨와 위대한 항해
20. 초록을 깨우는 물 아저씨